Invocaciones

Eva Ave

Aliarediciones

Corrección: Julia Salas
Diseño de cubierta: Aliar Ediciones
Maquetación: Aliar Ediciones

Depósito Legal: GR 182-2024
ISBN: 978-84-10155-44-2

Impreso en España

Edita
ALIAR Ediciones
www.aliarediciones.es
info@aliarediciones.es

Invocaciones

Eva Ave

AFUERA

Desnuda.
Desprovista de máscara.
Tiritando de frío,
insalvable,
incontenible,
mi cuerpo en llamas
dentro de tu caja de cristal.
Ya no me puedes tocar.

ATREVERSE

Ver... se.
Mirarte a los ojos y
quedarme quieta, sin fuerzas,
sin aliento
en este espacio intermedio
entre tú y yo.
Atreverme a ser,
atreverme a saltar y
flotar densa y serena.
Dejar de respirar para observar
sin ruido
el abismo que se crea.
Atreverme y observar
sin duda, sin sacrificio.
Dejándome acunar y sostener
por mi propia verdad.

ENCUENTRO

Te pones ahí, delante del espejo
y ya no te encuentras.
Y te miras de cerca y de lejos
y te quedas en el medio
donde ya no eres ni tú
ni la del espejo.
Estarás quizás en la mirada del otro,
en su piel y sus caricias,
en las ganas y la espera,
te encuentras de pronto
instalada en una nube
y te quieres quedar a vivir allí
donde todo es esponjoso y dulce.
Extasiada, ensimismada, caótica,
extrañamente feliz.
Te das cuenta de que revives el
encuentro una y otra vez
y te vuelves adicta.
Solo puedes tumbarte al sol
dejar que el recuerdo se seque
se arrugue y desaparezca.
Búscate te dices,
donde crees que no estás.

LO QUE IMPORTA

Lo que importa
te transporta.
No sabes qué es
pero quieres creer.
Lo olfateas en el aire,
lo sabes de nadie.
No quieres sentir
prefieres dejarte morir
si no estás aquí,
cerca de ti
solo para ti,
latiendo así,
susurrándote en la noche.

ALGO ASÍ

Te puedes dejar aplastar
o saltar a un volcán.
Algo así.
Te puedes quitar de en medio
o ser tan grande como el mar.
Algo así.
Te puedes secar de tanto llorar
o sacudirte las grietas y rebrotar.
Algo así
te podrías decir que basta,
te podrías cantar una nana,
te podrías ir a la mierda,
te podrías destrozar sin más.
Algo así.
Te podrían decir que te vayas,
te podrían decir que no existes,
te podrían decir que te aman.
Algo así:
te amo, te adoro, te extraño, te deseo,
te quiero, te poseo, te sustento,
te contento, te alabo, te admiro, te odio,
te invento, te tengo, te sueño,
te aborrezco, te ignoro
te invito a un té.

Podrías ser desierto o primavera,
manantial o ladera
y que todo te resbale.
Algo así,
algo así es vivir.
Algo así.

EXOESQUELETO

Quiero que me dibujes en el cuerpo
un exoesqueleto.
Una carcasa alienígena
que me proteja
del mundo.
Del de afuera,
del que duele,
del que hiere.
¿Y si mejor me tatúas?
¡Ay, no! que duele.
No quiero doler ni dolerte,
prefiero aspirarte, asfixiarte
incorporarte, hartarte.
y que te duela, sí.
¿Quieres quizás que yo también
te dibuje?
Quiero ser un bicho repugnante
lleno de ojos, rabia
y pelos puntiagudos
que te pinchen.
No te acerques
mi aliento hiede.

MI TALENTO

Escondido en un agujero en la pared
viviendo en las sombras,
cubierto de pies a cabeza de gris,
solitario y enfermo,
demacrado, asustadizo e inútil,
impreciso, dependiente y servil.
Allí estuviste una eternidad
enmarcado como un cuadro
en la pared,
buscando despojos de alegría
y desenfreno por los rincones
de tu agujerito en la pared.
Hasta que un día por fin
te quise querer,
te quise ver,
te quise dar cabida.
Te di de comer,
te lavé, te peiné,
te cuidé, te dejé un hueco caliente
en mi cama
para soñar juntos siempre.
Mi talento y yo.

QUERIÉNDOME VOY

Voy a cuidarme de veras.
Voy a mimar mis dudas y mis pasos.
Voy a dejar de estirarme
para tocar el cielo.
Voy a ser el azul del cielo
y el blanco de las nubes,
el frescor de la lluvia
y la suavidad de la hierba,
el calor del sol
y la espuma del mar.
Voy a ser todo.
Lo posible y lo imposible,
lo probable y lo improbable.
El destino, la magia,
la sabiduría del vacío,
la entrega
la escucha del alma en calma,
la certeza,
el apocalipsis.
Mírate.
Vas a salirte del rebaño,
vas a seguir siendo auténtica
sin dobleces ni miserias.

Vas a quererte de veras
desde hoy y por toda la eternidad,
y cuando seas planeta o asteroide,
agujero negro o partícula
subatómica,
te seguirás queriendo aún más.

MAGNETISMO

Soy magnética, atlética,
intrínsecamente maquiavélica,
aterradoramente diabólica.
Mi rostro sin filtro ni cosmética.
Cazadora de sueños
veo tus miedos.
Si quiero camino por el techo
expandiendo el pecho
y te metes dentro
como un niño de pecho.
Soy un imán,
una fuerza del universo entero,
un desliz en tu caminar,
un momento de ensueño.
Abre los ojos
no te quiero engañar,
lo que ves es solo tu imaginar.
Soy magnética, atmosférica
como nube blanca en este momento
me deslizo por tu pensamiento.
No te puedes ir,
ya no puedes huir de ti.
Soy magnética, atlética
intrínsecamente maquiavélica,
aterradoramente diabólica.

Estoy en tus sueños,
veo tus miedos.
Déjate acunar.
No te puedes ir,
ya no puedes huir
de mí.

LA PUERTA

Si te fijas bien
la puerta está abierta
desde siempre.
¿Cuántas puertas se pueden abrir
y cerrar en toda una vida?
¿Cuántas se quedan a un lado
y se derrumban ante tus ojos
de puro cansancio
de querer ser abiertas o cerradas?
A veces se entreabren solas,
quizás por la brisa de tus ganas
y dejan pasar un rastro de luz
una brizna de sol.
A veces se cierran de golpe
cuando pasas por delante
y ni siquiera te has dado cuenta
de que están ahí, abiertas.
Porque vas rápido,
porque estás en el horizonte,
porque no estás
donde tienes que estar.
Ahí, delante de tu puerta.
Esa de madera maciza y aterciopelada,
esa que te acaricia,
que te escucha,
que te sostiene y te deja pasar.

La puerta a otros mundos posibles
sigue abierta
desde el principio de los tiempos,
dispuesta a ser traspasada.
Ábrela ahora.

PERTENECER

Siempre quise pertenecer al mundo
y como el mundo no me acogía
me quedé en la orilla.
Siempre quise ser de arcilla
y como tenía miedo
me quedé sentada en una piedra,
indiferente al dolor que hacía.
Siempre quise ser de arcilla,
y como tenía miedo
me senté
indiferente al dolor que hacía.
Siempre quise pertenecer al mundo
y como el mundo no me acogía
me quedé en la orilla.

LA BESTIA

Hay tanta belleza en tu bestia,
en la salvaje que habitas,
en la fiera que eres.
Tú que caminas descalza entre piedras
desnuda en lo alto de tu montaña,
impresionante, imponente,
inconmensurable, inabarcable.
Hay tanta belleza en tu bestia.
Tú que gritas en el silencio del mundo,
tú que implosionas,
tú que atraes el caos,
tú que erres el deseo del mundo,
tú que corres sin rumbo
dejando un rastro de incendio y cenizas.
Un río de lava tu paso por la Tierra.

EL AGUJERO

Mira que era grande ese agujero
profundo calaba hondo hasta el hueso
mira que era grande ese agujero
tan ancho como todo un territorio
demasiado explorado
aquel agujero como un campo yermo
lleno de surcos resecos
mira que era grande ese agujero
mira que se hizo enorme con el tiempo
un pozo infinito hacia el centro
el centro de todo lo duro y añejo
mira que era grande ese agujero
y mira ahora que chiquito se ha vuelto

AFERRARTE

Ese empeño ciego en apresar la herida
esa constante servidumbre al pasado, al futuro.
Ese necesitar el odio
y esa extraña sensación de asco.
Esa espina que no quieres sacar
porque te recuerda quién eres,
quién crees que eres,
quién te han hecho creer que eres.
Ese encierro, esa mueca de dolor,
ese frenético deambular.
Esa mano aferrada a sí misma
dejando de acariciar para apresar.
Diciéndote una y otra vez:
Suelta de una vez.
Suelta de una vez.
Suelta ya de una vez.

PANTERA

Eres negra como mis miedos.
Te has aparecido esta noche
en ese lugar que es solo mío
y que no me atrevo ni a pensar.
Feroz e iracunda ante mí,
Yo ante mí, feroz e iracunda.
Te veías gigante con tus ojos amarillos
y no pude mirarte.
Rugías con tu entraña,
con ese grito de parto,
de estallido, de bomba nuclear.
Erótica, abierta en canal.
Dispuesta a la entrega,
como un animal sin razón,
como un huevo en eclosión,
como una ola gigante.
Jadeante,
respirando fuego.
Regando la tierra con tu elixir dorado.

EL SEXO

Inspiro un olor dulce.
Expiro el vapor caliente
que rezuma su piel.
Una y otra vez.
Una y otra vez.
Lento, rápido.
Siempre tierno
suena su cuerpo
como el mar en la orilla.
Arden mis manos
de tantas caricias.
Es todo líquido y exuberante.
No hay distancia entre mi deseo
y su boca abierta,
su cuello,
su sendero empinado.
Trepándole, escalándole.
Abierto para mí.
Tiemblo y jadeo
dejando una huella
de olor y sabor para los dos.
Ese encuentro único
irrepetible
liso y majestuoso.

Desnuda,
sin artificios,
dándome la vida
que me añora.

PRESENCIA

Paciencia me digo
pequeña serpiente sinuosa,
artefacto perfecto,
perfecta imperfección.
Paciencia tente en paz,
te en ti la vida sin prisa.
Sostente en el borde
alejada de la nieve fría.
Paciencia para tus labios,
para tu vientre.
Estás siendo,
estás queriendo,
estás soltando,
estás anudando tu senda,
estás nadando a favor de ti.
De todo lo que palpita
tan cera o tan lejos.
Paciencia
pequeña serpiente trepadora,
sigilosa y verde como un lago.
Estas aquí y allí a la vez
en este cosmos ululante,
en esta dimensión petrificada
incrustada en la roca,
fosilizada en tu propia carne.
Paciencia que el cascarón se rompe.

Entonces saltarás en pedazos
llenando todo de escombros blancos.
Barrerás después los restos de la fiesta.
Descansarás sedienta y hambrienta,
curiosa y risueña,
presente en ti,
en ellos,
en todo lo que rezuma
alrededor de todo.
Paciencia presente insensato
que ya llegamos.
Que estamos de viaje a ti
del trayecto volveremos sanos,
salvajes,
sin zapatos ni vendajes.
Paciencia que ya llegamos.

ESCRIBIR

Escribir para mí
es como darle a cada cosa
su descanso,
su colchón mullido,
su sopita caliente,
su baño templado,
su sitio en mi vida.
El lugar exacto que les corresponde.
Así las cosas que pasan
dejan de pedir y solo dan.

PÍXELES

Tengo los píxeles jodidos,
se me han retorcido y al explotar
lo han llenado todo
de puntitos blancos
que dejan ver la realidad tal cual.
Son ahora como
una neblina preciosa
que lo cubre todo,
y cuando los miras
te das cuenta de que con ellos
en tus ojos
todo es más real.
Yo creo que están muertos
y felices,
palpitando dentro de una esfera
y me imagino mi propia muerte
así, como un cielo nocturno.
Toda yo diseminada en el cosmos,
convertida en millones de partículas,
pixelada por toda la eternidad.

SOMBRA

Saltaré contigo sombra
saltarás y caeremos a la vez.
Nos volveremos una,
nos amaremos y disolveremos
seremos tragadas y digeridas,
desapareceremos sin remedio.
Saltaré ahora contigo
mi sombra.
Te llevaré conmigo,
me llevarás contigo.
A ti la luz te llama,
a mí lo oscuro me espera.
Es por eso que saltaremos:
para encontrar la paz
y el abandono.
Para ser esa mezcla divina
poderosa y fugaz
que pululará cual polilla
alrededor de soles
y agujeros de gusano.

EL MAR

No sé dónde quedó el mar.
Un recuerdo, un anhelo, un susurro lejano,
el lenguaje del movimiento lunar,
el dialecto de las olas
la abundancia, la inmensidad,
la dicha, la fiesta, la vida,
la sopa bendita que nos vio nacer.
Mar oscuro y verde esmeralda,
transparente y azul,
trepidante y mortífero,
insultantemente hermoso,
de tan embriagador que duele.
Me duele su olor lejano y su canto.
Me duele el recuerdo de su vaivén
en mi cuerpo.
Me duele su falta,
su ausencia.
me dueles, sí
mar absoluto,
mar profundo.
Podría mirarte por siempre.
Podría morirme en ti.
Dejarme llevar mar adentro hacia ti.
Mar adentro hacia ti.

SENTIR

Desde que siento todo muy intenso:
el mundo, sus seres, mi propia respiración
cada cosa
cada minúscula cosa que pasa
todo me duele más.
Creo que soy más feliz, eso sí
pero todo me duele más.
Sentir duele.
Por eso la anestesia,
por eso tantas de las cosas que hacemos
que yo misma hago a diario.
Para cerrar el sentimiento,
para clausurar las tripas.
Aunque esa suerte de anestesia
a ratos se pasa,
la meas despacio
y cuando has acabado
¡boommmm!,
a sentir la llaga de nuevo.
O el amor,
o la mentira,
o la estupidez,
o la alegría.
Es raro porque no todo duele igual.
La mentira duele todo el rato.
La alegría solo cuando se pasa.

El amor solo te duele cuando se engancha,
y la estupidez la dueles tú
cuando eres tú.

LA MULTITUD

La multitud se agolpa en la esquina de un templo
incapaz de llegar el centro.
Es una masa informe de carne humana
arrinconada y desesperada,
macilenta y arrolladora.
No hay diferencia entre brazos
piernas, nalgas o vientres,
lenguas, manos, labios o sexos.
Ya no saben qué les pertenece.
Esa esquina les mantiene atrapados
e imprecisos.
De fondo cantan los grillos,
croan las ranas,
danzan las garzas.
Afuera el mundo suena incesante.
Adentro en lo alto, una cúpula
geodésica distribuye
en miles de haces de luz
colores iridiscentes,
que penetran en sus orificios
abiertos de espanto.
La masa informe se vuelve
cromática, se asusta, intenta huir,
forcejea, se resiste, reacciona
pero... quiere más.

La masa insatisfecha y agónica
quiere más.
Pide más,
ansía más.
La masa delirante quiere colonizar
la luz para sí,
no dejar que nadie entre,
no dejar que salga nadie.
Ni el aire, ni el amanecer
ni nada.
Quieren la vida para sí,
la luz para sí,
la verdad para sí,
la palabra para sí,
la multitud enfurecida
en su esquina
quiere el mundo para sí,
y yo pienso que quizás ya es suyo.

JABALINA

¿Qué haces?
Mírame... ¿qué haces?
¿qué haces saltando con la jabalina
por encima de ti
dejándote atrás?
Que no te das la vuelta
ni para mirar
el charco de sangre
en que te has convertido.

SE DEJA

Se deja dar la vuelta
cuando se da cuenta
de que en el revés escondía
una ternura pequeña
hecha de nidos de pajarillos.
Se deja sentir la caricia
cuando se da cuenta,
de que su voz es asilo
refugio y camino.
Se deja mirar,
se deja mirar bonito
cuando se da cuenta
de que en el revés escondía melodías,
que por encima del suelo
la dejan suspendida.

TIOVIVO

Qué explosión fue salir de allí.
¡Cuánto tiempo robado a la vida!
¡Cuánto tiempo rondando tu cabeza
la huida definitiva!
Respira.

ALMA VISCOSA

Se me sale el alma viscosa
y ajustada por las orejas.
El alma justa tenemos,
la porción exacta de amor
para ir tirando
para salir del paso.
Todo a medias,
todo en su justa medida.
El alma chiquita
en su reducto del cuerpo
donde tú la dejas.
Todo el suelo lleno
de guijarros afilados
en su justa medida,
para que al pisarlos
te sangren los pies,
y te des cuenta de que la vida
es lo que pasa
cuando estás atento,
solo eso.
Pero yo
no quiero la vida a medias.
Quiero el alma disparada
arrebatada y ancha,
tan ancha y viscosa
como a ella le dé la gana.

EXTRAPLANETARIOS

Sé que hay seres extraplanetarios
habitando este mundo azul.
Seres sin límites precisos
que bailan, que bailan siempre.
Seres inmensos como la nada
que lo dan todo,
que brillan de día y de noche.
Seres que abrazan con los ojos
mientras bailan sin cesar.
Quiero vivir bailando con ellos,
traspasar la barrera del sonido
con ellos,
aterrizar donde sea con ellos,
habitar un mundo nuevo
donde regalarnos
todo.

TE VERÉ

Te veré.
Estarás sentado en la arena
solo contigo,
sin apenas ropa,
sudando bajo el sol,
sonriendo,
riendo a carcajadas.
Con tu pelo revuelto
bebiéndote la calma
en un vaso con hielo.
Allí estarás
atemporal, caótico y precioso.
Allí estarás y yo
voy llegando.

UN TILO BLANCO

La libertad es un regalo
que nadie te puede hacer.
Te la tienes que inventar cada día,
hacerla alimento y tierra que pisar,
aire templado en tus pulmones,
silencio y calma.
Reflejarás si así haces
un miedo atroz en los demás.
Te mirarán con envidia,
con ojos desorbitados.
Querrán dañarte,
sacarte de tu cielo
para que así,
puedan volver a su miseria conocida.
Es triste, sí, es triste.
Es desolador darse cuenta
de la ruina que a veces
esconde lo humano.
¡Con lo grandes que podríamos ser!,
¡con la belleza que somos capaces de ser!
Me quedo con la belleza
incluso de la tristeza que me produce
el mundo a veces.
Seré el mundo que quiero.

Me dejo morir, sí,
me enterraré al lado de un río
y lloraré adentro de mi tumba
todo ese dolor.
Quizás así con esa agua salada
crezca un tilo de flores blancas
alto y sereno,
símbolo del amor
que también somos.

BOSQUE Y MALEZA

Que todo es bosque y maleza
y quieres ese caos ordenado
y ese verde llenándolo todo.
Atravesar la jauría de perros salvajes
de la que te has rodeado,
que han estado tanto y tanto
detrás de tu cerebro maltrecho.
Que todo sea bosque y maleza,
acantilados sin fondo
y escombros de roca caliza,
derrumbe de tierra y barro,
laberintos sin salida.
Que todo acabe en un principio
de los tiempos
sin nombre ni identidad.
Desaparecer del todo,
dejar de ser o volver a ser,
abandonar la senda conocida,
tomar el camino de la derecha
o el de la izquierda,
el de arriba o el de abajo
da igual... pero el tuyo,
solo el tuyo,
ningún otro que no sea el tuyo.

Tu camino de mierda
o de fresas y lujuria,
da igual, pero por favor
que sea el tuyo.
Fíjate bien
que todo sea
bosque y maleza.

COMO TODO EL MUNDO

Como todo el mundo
dejarás lo de ahora para después.
Si te descuidas
el después te dará un bofetón
que volteará tu cara hacia tu ano,
y mira
la cosa es que escasean los cirujanos
de verdad
y sin cirugía del alma
no podrás volver a mirar tu axila,
o tu dedo meñique del pie izquierdo.
Te lamentarás de aquella decisión,
te quedarás mirando hacia
tu agujero inmundo
para siempre.
Y como todo el mundo
que quiere ser como todo el mundo
le echarás la culpa al destino
maldito,
a la vecina que no te saluda,
al tiempo de mierda que hace hoy
o a la industria del cine
que es puro entretenimiento para lelos.

Tu cuello hará lo que pueda
y se quedará retorcido en sí mismo
buscando la mejor posición posible
para tener una mejor vista de tu ano
según la estación del año.
¿Qué más si no puede hacer un cuello insensato?
Tú, sin embargo, te dedicarás
a repasar con tu dedo índice
la línea del horizonte
visto desde abajo,
desde abajo de tus piernas abiertas.
Y como todo el mundo
te cagarás en todo,
en tu propia cara.
Odiarás todo
aparentando que todo está bien.
Te dirás a ti mismo como en las películas *yankees*:
tranquila *baby,* todo va a salir bien,
y te quedarás tan pancho con esa
frase de mierda sin sentido en tu
sucia boca.
Eso sí, todo esto como todo el mundo
así que... todo bien. oye.

VELOCIDAD DE LA LUZ

Voy de puntillas
dando saltos cuánticos,
arremetiendo un salto
hacia adelante
y hacia arriba,
cual canguro salvaje
en pos de la espesura
hacia lo denso,
temblando de miedo.
Voy de puntillas
a la velocidad de la luz.
Las yemas de mis dedos
rozan la superficie del cosmos.
Me deja sin aliento su textura
de infinito,
de no tiempo,
de abrumador silencio.
De pronto
un ave prehistórica
me alza en su vuelo
y así,
aferrada a su cresta
sobrevolamos la tierra despoblada,
acariciando lagunas,
acorralando presas,
abriendo sendas.

A la velocidad de la luz
hacemos el amor en vuelo
porque en el aire
no hay semáforos,
ni fronteras,
ni leyes.
Nosotras la ley y el tiempo.
Nosotras sin ley ni tiempo.
Nosotras de puntillas,
atravesando la luz
a la velocidad de la luz.

FRÁGIL

Quién te dijo una vez que lo blando en ti escuece.
Quién te sometió a un delirio de flores muertas y peces.
Quién te inundó de deseos de ser pequeña e insensata.
Quién sin aspavientos ni golpes secos dejó una huella.
Quién sofocó tu ansia y anhelo.
Quién acorraló el impulso de ir.
Quién escapó esquivo y violento y se metió en tus sueños.
Quién tropezó con la muerte de la estrella más grande de tu galaxia.
Quién recorre tu cuerpo ahora.
Quién cabalga tu sexo ahora.
Quién aturde tu sueño ahora.
Quién sabe de tu fragilidad ahora.
Quién puede tocarte ahora.
Quién es clavija ahora.
¿Quién?

VÉRTIGO

Se marchó despacio de la habitación dejando tras de sí
un rastro de baba de caracol.
Como iba descalzo se escurrió
se cayó, se desmayó.
Despertó con sed de rocío y hambre de col.
Descubrió que habitaba un cuerpo extraño
siseante y escurridizo.
Se preguntó si estaba soñando,
quería despertar y salir a la calle a gritar
pero por sus ojos en las alturas
todo era de caleidoscopio,
y ya no podía saber dónde era arriba o abajo,
afuera o adentro.
Gritar no era una opción,
así que se rindió, se enroscó y estiró,
se deslizó y reptó tan despacio
como si fuera un verdadero caracol.
Se quedó a vivir en aquel cuerpo de gelatina
que ya no sabía si le pertenecía.
Se olvidó de sí, del ayer.
Se esfumaron los recuerdos, los anhelos
y tan solo se quedó en su vida
pequeña y resbaladiza, una inmensa
sensación de trascendencia y vértigo.

EL VAIVÉN

Como un vaivén de olas
la vida que nos sopla
nos mueve ligera y temblorosa.
Te pone cerca, en el aire
con los otros que te buscan
que te encuentran.
Con los otros que son los mismo
que ese aire y ese vaivén
lo mismo que tú.
¿Cómo dejar que la vida nos encuentre?
Siendo ella, estando en ella,
brotando como ella.

DÍAS DE SOL A LAS 12

Hay días de sol que todo lo pueden,
días que duran siempre,
días clavados en el cuerpo
como el primer parto.
Días de sol resbaladizos y suculentos,
días de sol jugosos y blandos.
Hay días de sol esquivos y huidizos
de las sombras caníbal,
de la noche terna y prisionera.
Días de sol amaneciendo
tras el sol de una mirada,
sucumbiendo a la llegada
del día más brillante,
rindiéndose a su don,
derritiéndose con su propia luz.

UNA TARDE DE CALOR

El centro de tu corazón se está expandiendo.
Estás sentada en el sillón
sin más misión que respirar,
de pronto sientes el latido
invadir todo el salón.
Retumban las paredes,
se escapan las arañas de patas largas
por la ventana,
para ellas se avecina el horror.
El corazón comienza a crecer,
a latir tan rápido
como un avión a reacción.
El músculo crece, palpita y se hincha,
se te abre el pecho sin cirugía
y tu corazón sin la barrera del hueso y la piel
se desparrama por todos lados.
Tú atónita, sentada en tu sillón
mordiéndote las uñas de tanto amor,
no sabes qué hacer con tu corazón
que ahora está rellenando todo el salón.
Se golpea con la puerta,
se pega a la pared,
repta por la ventana,
se desliza por el techo.
Este corazón no se queda sin aliento
ya no es solo para ti.

Ahora es de todos:
de la araña,
de la mota de polvo en el aire,
de todo lo que ves y te siente.
Tu corazón gigante
para morirte de amor,
henchido de gozo
una tarde de calor
sin ventilador.

SI NO ESTÁS

En las noches que no estás
me acaricio los brazos en la oscuridad.
Acaricio la piel que a veces te abraza,
acaricio la huella de tu rastro,
nos acaricio y me duermo.

LA ARAÑA

Esta noche triste
me ha venido a visitar una araña
de patas largas y cuerpo rojo,
como la sangre que a veces
se me escurre entre las piernas.
Me despierta su caminar ansioso
por mi cuerpo.
Aún no sé qué buscaba.
Quitarme la pena,
beberse mis lágrimas,
hacerme cosquillas,
hacerme reír,
quién sabe...
Andaría sedienta de besos y ojos.
Andaría queriendo un huequito para dormir.
De pronto la luz de la luna
ilumina su andar nervioso
y puedo verla.
Entonces...
se esconde y yo sentada en el suelo
me quedo esperándola por si vuelve.
De pronto lo sé,
la dejaría recorrer mi cuerpo
desde los tobillos
al hueco precioso del cuello
y seguiría llorando
hasta el amanecer.

TSUNAMI

Como si vuestras palabras
me estuvieran revoloteando
alrededor como polillas a la luz,
por si acabara aquí lo que nunca empezó
me despido de ello.
Solo por si acaso yo ya supiera que todo tiene un final,
que incluso aunque no empiece
nunca como te imaginas
llegará demasiado deprisa
el momento justo de decir que
ya no,
que me bajo,
que me meto de lleno
pero que si salgo sin nada puesto
mejor.
Que todo para ti,
que esa que fui era solo para ti,
y si un gran sí me inunda el paladar
y no puedo masticar nada que no sea
de azúcar o miel pues mejor,
que la hiel es amarga
y se la dejo prestada
a la furia que desatabas.
Miro al dolor de frente
porque le quiero como te quiero
cuando lo hago lento, pausado

como el susurro de las sábanas
en mi cuerpo
que no piden razones ni gestos.
Como si vuestras palabras
me estuvieran danzando adentro
del caracol de mi oído
como un zumbido sordo y constante
que me quita el sueño y me hace
parpadear de pensar y no poder flotar,
me rindo a la cama dulce,
me rindo al sonido,
me rindo a la brutalidad del amor,
me rindo al amor brutal
que me parte en dos
que me divide en ti y en mí,
juntándonos.
Digo que quererse es tan inaudito
como inapreciable
y yo quiero apelarlo y gritar
amoldarlo a mis costuras y cicatrices,
hacerlo templo impertérrito y sublime.
Dejarlo brillar sin pulirlo,
dejarlo ser tsunami si quiere
si quiere.

CUMBRE

Ahora solo este momento
sin más sustento que un lamento
tristeza vieja en su aposento.
Está la calle llena de viento
soplando fuerte todos sus cuentos
dejando el aire lleno de intentos,
de los que todos queremos cientos.
Intentos libres,
intentos ciertos,
intentos locos,
intentos cuerdos.
Todos hambrientos
todos sedientos.
Llenando el tiempo
de impedimentos,
dejando a un lado lo suculento
que el alma pide de tu tormento.
La luz oscura en tu pensamiento,
la llave virgen para el aumento
de tu conciencia dentro del tiempo.
Solo te queda estar muy atento,
mirar que fuiste en tu nacimiento
que estaba todo en ese cuerpo
pequeño y dulce como un terrón,
de azúcar blanca todo pasión
asombro rojo en erupción

piel transparente y un corazón
carne que late toda emoción
pies diminutos color bombón,
Ojos abiertos para tu canción.
Ojos abiertos para tu canción.
La que te cantas cuando no aguantas,
la que te enreda en sus caderas
esta que ahora tú también cantas.
La que te cantas cuando te quieres
la que te acuna si ya no creces
la que te enreda en sus quereres,
esta que ahora tú también eres.

GATA

Atemorizada en un rincón
como gata apaleada descompuesta
y servil,
chiquita e inútil para todo
me duermo y olvido de mí.
De pronto en un acto de generosidad
consigo enderezar la patas
y sacarme el traje gastado
que me pongo cuando quiero.
En cueros y huesos
me siento en una silla,
tan solo me siento en una silla
para ver a esa cosa un poco de lejos
un poco más de lejos.
Esa cosa manchada que pienso de mí
pegajosa y rígida a la vez.
Todo se detiene, no corre el aire
no se puede respirar.
Lo que pienso de mí exhala vapores
que hacen de la estancia
una especie de sauna fétida.
En la neblina de azufre
consigo abrir la ventana,
el olor de los pensamientos pensados
por la gata apaleada del rincón
se desliza por la rendija,

y con ese olor
todo lo que en apariencia
material e impalpable me rodea.
Se hace la nada
nace la nada de la nada
y solo queda el recuerdo
del maullido lastimero
y el sonido límpido del silencio,
como una palabra incómoda
que no me deja pensar
al fin,
ni en mí, ni en los otros,
ni en mis deseos,
ni en toda la mierda que he creado,
ni en la maldita estupidez
que me empeño en alimentar.

REGARTE

En pijama una persona peculiar
pintaba soles para paliar su mal,
pulía las propias palabras
postergaba la risa y ladraba.
Pensaba que si invadía poderosa su patria
partiría en pos del oso polar
que una vez dejó atrás,
allá en un tiempo mordaz
cuando prefería pasar por encima
de su plan,
cuando plantaba pesares
y escribía en prosa,
cuando podía permitirse
pararse y probar.
Por aquel entonces aprobaba
podaba y pateaba, se le caía la baba,
era papá y mamá,
se tumbaba puntiaguda en la hierba.
Tenía latas, matas y ratas,
comía para desatar tempestades,
dormía para matar los males,
follaba para talar sus carnes.
Aquella persona pura,
pulcra, porosa, pueril y puntual,
pacífica, plana, perfecta
casi impersonal,

se murió de pronto,
se volvió un escombro,
se quitó la percha,
se mudó a Plutón.
Permaneció presente y polivalente
por los siglos de los siglos, Amén.
Eso sí...
A ser posible ama y mana como un río.
Muérete pero deja que corra el aire.
Acábate, pero sigue con el baile.
Termínate, pero déjanos tu enfoque,
tu redoble de tambor,
tu inconveniente y el incidente
que te llevó a la muerte.
Fuertes soportaremos con coraje tu hedor
y tu desagradable y deficiente forma
de volverte perdurable, pudriéndote
en la tierra amable.
Perdona persona voluble
es que ahora te tengo que regar, sí,
así:
brotarás, resurgirás, crecerás,
volverás a empezar, nacerás, llorarás,
amarás, tropezarás, harás el tonto,
serás estúpida, amorosa,
cambiarás de planes, crearás,
viajarás, harás cosas, no harás nada,
te aburrirás, te reirás, te caerás de bruces,

te levantarás y llorarás, te cuidarán
y cuidarás, aprenderás a andar, a nadar,
a escuchar y a quererte...
y nunca llegarás a olvidar
a aquella persona peculiar.

TUL

Tengo una casa de aire.
De viento.
De ensueño.
De miel.
De algodón de azúcar.
De tul.
Esta casa que es mi cuerpo.

ÍNDICE

Este libro se terminó de editar en Granada
en febrero de 2024 por

www.aliarediciones.es
info@aliarediciones.es